BOUCQ ━━━━ LA PEDAGOGIE DU TROTTOIR

casterman

ISBN 2-203-33815-6

© Casterman 1987.

L'ENIGME DU MASQUE DE FER

'JOUR M'SIEUR 'DAME, JE M'PRÉSENTE : ANDRÉ PROUVOST, HÉROS DE BANDES DESSINÉES...

"... ET ICI C'EST MON UNIVERS !

JE MÉRITAIS MIEUX QUE ÇA, TOUT DE MÊME !... C'QUE J'AURAIS AIMÉ, C'EST TRAVAILLER POUR MONSIEUR HERGÉ ...

OH! J'AURAIS PAS ÉTÉ EXIGEANT JE ME SERAIS SATISFAIT D'UN PETIT RÔLE, MÊME FIGURANT,

"MONSIEUR" HERGÉ, ÇA C'ÉTAIT UN GRAND BONHOMME !... AVEC LUI, C'EST ENCORE UN PEU DE FRAÎCHEUR QUI S'EN VA !

AH ÇA OUI, J'AURAIS AIMÉ ÊTRE DESSINÉ PAR HERGÉ ; L'ÉLÉGANCE DU TRAIT, LA PRÉCISION DU GRAPHISME, LA PURETÉ DES FORMES !

LA LIGNE CLAIRE QUOI !

AU LIEU DE ÇA J'AI DES TRAITS PARTOUT R'GARDEZ CE TRAVAIL ; Y M'METTENT DES PLIS,... J'EN AI PLEIN MES MANCHES.

POURTANT JE LEUR DIS QU'Y A TROP D'TRAITS MAIS ON DIRAIT QU'Y S'EN FOUTENT,

R'VISEZ-MOI UN PEU CETTE GUEULE DE CON QUE J'ME PAYE ! J'AI MON PIF TOUT D'TRAVIOLE, J'AI DES GRANDES ZOREILLES !!...

... C'EST BIEN SIMPLE J'AI L'AIR D'UN VRAI BALOCHARD !

ET VOILÀ LE TRAVAIL !

ALORS C'EST TINTIN, IL EST AU TIBET DANS L'HIMALAYA AVEC DE LA NEIGE PARTOUT, VOUS PENSEZ À 2000 MÈTRES DE HAUT ...

Y'A UNE BOURRASQUE, ON A DU MAL À AVANCER...

"BON SANG CAPITAINE ! ... LÀ ... PAR TERRE ! QU'EST-CE QUE C'EST UNE EMPREINTE DE YÉTI ? NON ! CE SONT LES RESTES D'UNE ÉPAVE ! LE "KARABOUDJAN" !! ...

"... JUSTE LE TEMPS D'ÉVITER UNE CAISSE DE BOÎTES À SARDINES QUI ME TOMBE. DESSUS ...

DES TYPES M'ENCERCLENT, LES HOMMES DE RASTAPOPOULOS ...

MAIS JE ME BATS COMME UN BEAU DIABLE BING BING BINGBANG BING

"... ILS M'ASSOMMENT, JE ME RETROUVE LIGOTÉ DANS UNE PRISON DE BASSE FOSSE, J'ÉMETS DES CRIS PLAINTIFS COMME UN OISEAU BLESSÉ ...

Y'A DES CROCODILES PARTOUT ! QUE FAIRE? J'APPELLE À L'AIDE ...

AU SECOURS CAPITAINE ! C'EST MOI TINTIN JE SUIS PRISONNIER !

JE SUIS, TINTIN ! JE SUIS PRISON...

On a bien fait d'enfermer cet olibrius là-haut, sinon vous n'auriez jamais eu le rôle ...

...Mille sabords!

LA TENTATION DE SŒUR CECILE

LE SEIGNEUR TOUT-PUISSANT PARSÈME NOTRE CHEMIN D'EMBÛCHES POUR NOUS METTRE À L'ÉPREUVE...

EH ALORS, LÀ-BAS! VOULEZ-VOUS BIEN REVENIR ICI TOUT DE SUITE!!

NON MAIS QU'EST-CE QUE SONT QUE CES MANIÈRES DE FILLE FRIVOLE

OH EH ÇA VA BIEN COMME ÇA HO!

J'AI PARFAITEMENT L'DROIT D'FAIRE C'QUE J'VEUX!!!

NE NOUS ÉGARONS PAS DANS LES MÉANDRES DE LA TENTATION,

TAIS-TOI HÉ CONASSE

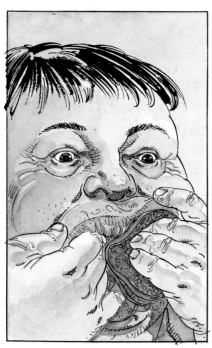

LE REBELLE

MOI, J'SUIS UN REBELLE... ...UN HORS-LA-LOI.

JE SUIS NÉ DANS LA ZONE, PERSONNE M'A AIDÉ. J'A DÛ ME DÉBROUILLER TOUT SEUL ; À LA FORCE DU POIGNET...

HÉ SHÉRIF, GALLAGHER EST REVENU EN VILLE.

COMMENT, ILS ONT RELÂCHÉ CETTE PETITE FRIPOUILLE DE JESSIE GALLAGHER ?!!

AUSSI VRAI QUE DEUX ET DEUX FONT QUATRE SHÉRIF...

...J'L'AI VU AU SALOON EN TRAIN DE SIROTER UNE BIÈRE !

J'M'EN VAIS LUI DIRE DEUX MOTS À CE RENÉGAT...

...ALORS JESSIE ?...

SALUT SHÉRIF,

...COMME ÇA ILS T'ONT RELÂCHÉ !...

OUI SHÉRIF, POUR BONNE CONDUITE.

AH OUAIS ?!

J'FAIS CE QUE J'VEUX...
...OÙ JE VEUX...
...QUAND JE VEUX !...

JE VIS MA VIE À PLEINS POUMONS COMME UN CHEVAL SAUVAGE. DES FOIS JE FUME DES CIGARETTES

...J'AVALE MÊME LA FU--MÉE... ÇA ME CALME.

QUAND J'AI SOIF DE GRANDS ESPACES, JE PRENDS MA MOB ET ON S'CASSE À LA MER...

J'TE PRÉVIENS P'TIT, ICI C'EST UNE VILLE PAISIBLE, ON VEUT PAS D'HISTOIRE AVEC DES SALOPARDS DE TON ESPÈCE

ÉCOUTEZ SHÉRIF J'AI FAIT DES CONNERIES C'EST VRAI ; MAIS J'ÉTAIS JEUNE ET J'AI PAYÉ

SALAUD !

ÉPARGNE-MOI LE COUPLET DU REPENTIR, TU VEUX? LES TYPES COMME TOI SERONT TOUJOURS DES HORS-LA-LOI !

DES HORS-LA-LOI !...

...UN BON CONSEIL...

OUI SHÉRIF ?...

...TIENS-TOI TRANQUILLE SINON TU AURAS AFFAIRE À MOI.

TEUH!
TEUH!

LA MER, C'EST SUPER! Y'A DU VENT QUI SOUF-
FLE TOUT L'TEMPS, ÇA FAIT UN DE CES BOUCANS
ET Y'A DES MOUETTES QUI GUEULENT...

...LÀ-BAS, JE FAIS LE PLEIN
D'AIR IODÉ.

...C'EST DINGUE, J'AI UN SA-
CRÉ BESOIN D'ABSOLU!

HELLO, SALUT
LYNDA.

SALUT JESSIE

BEN... ME RE-
V'LA, LYNDA,

HUM, APRÈS TOUTES
CES ANNÉES...
J'SUIS VENU TE
DIRE QUE JE
SUIS REV'NU.

JE VOIS
JESSIE

TU SAIS, LYNDA, J'AI BEAU-
COUP CHANGÉ. CINQ ANS
C'EST LONG, SURTOUT EN
PRISON, J'AI BEAUCOUP RÉ-
FLÉCHI ET JE ME SUIS DIT
QUE PEUT-ÊTRE ON POURRAIT
TOUT RECOMMENCER À ZÉRO
ON S'MARIERAIT, ON CULTIVERAIT
UN P'TIT LOPIN DE TERRE
...

ET LE SOIR J'TE F'RAIS
DES GOSSES COMME
TOUT LE MONDE!

...
MOI AUSSI,
JESSIE, J'AI
CHANGÉ...

AH JE VOIS
TU NE VEUX
PASTE MARIER
AVEC UN
TAULARD...

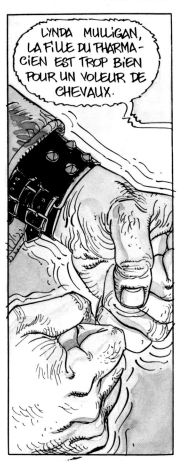

LYNDA MULLIGAN,
LA FILLE DU PHARMA-
CIEN EST TROP BIEN
POUR UN VOLEUR DE
CHEVAUX.

DES FOIS Y'A DES TRUCS QUI ME RÉVOL-
TENT... ...L'INJUSTICE PAR EXEMPLE.
ÇA ME DONNE ENVIE DE GUEULER...

DE GUEULER!

...MAIS LES GENS PEUVENT PAS COM-
PRENDRE... NOUS, LES HORS-LA-
LOI, ON EST DES SOLITAIRES...

QU'EST-CE QUE TU
LUI VEUX AU PHARMACIEN
PETITE CRAPULE?!
FICHE-MOI LE CAMP
D'ICI...

MA FILLE
EST TROP
BIEN POUR
TOI!

OH PAPA PA-
PA?

FUMIER

C'EST PAS
BIENTÔT FINI
CE RAFFUT? JE
TRAVAILLE, MOI
DEMAIN!

OHH, ÇA VA,
ÇA VA...

TOI T'ES
MA SEULE
AMIE...

DEMAIN
JE T'ACHÈTERAI
DES DÉCALCO-
MANIES.

BANG BANG BANG

LA VIE M'A DURCI LE COEUR!

MAIS PARFOIS L'ÉMOTION M'ASSAILLE...

... JE SENS PERLER UNE LARME QUE JE NE PEUX ENDIGUER...

...J'ENTENDS CRISSER CETTE LARME SUR MA PEAU BURI-NÉE...

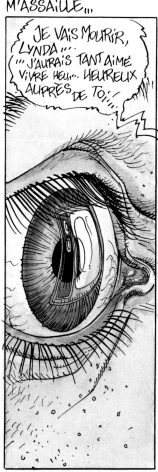

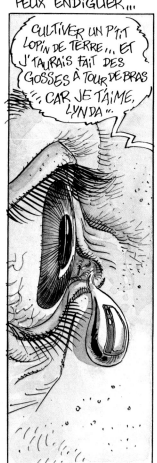

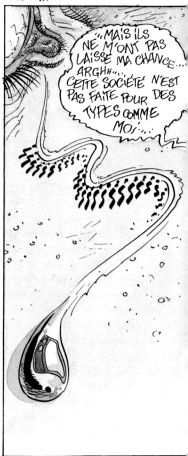

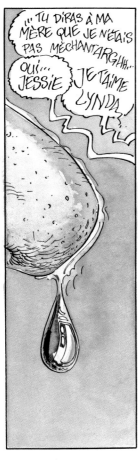

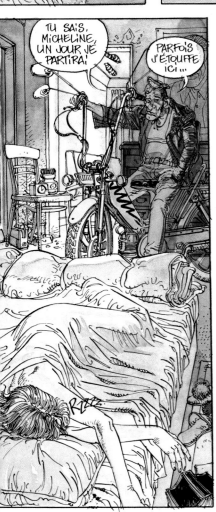

MEA CULPA

C'EST ENCORE MOI!...

"BEN,.. J'SUIS CONTENT DE VOUS VOIR,...

PARCE QUE ÇA VA ENCORE UNE FOIS PAS FORT,...

"... ÇA VA PAS FORT,...

'VOYEZ LA TÊTE QUE J'AI,... J'AI PASSÉ UNE NUIT ÉPOUVANTABLE... MA FEMME A FAIT UN ÉBOULEMENT D'ORGANES, J'AI DÛ APPELER LE DOCTEUR,...

Y PARAÎTRAIT QUE C'EST NORMAL APRÈS NEUF GROSSESSES ET QUATRE FAUSSE-COUCHES,...

HIER J'ÉTAIS TOUT REGONFLÉ, J'AVAIS PRIS DES BONNES RÉSOLUTIONS, J'ÉTAIS DÉCIDÉ À CHERCHER DU TRAVAIL,... MAIS ALORS ÇA, ÇA M'A COUPÉ LES PATTES!

AHHH... MA FEMME, MA PAUV'FEMME, COMME SI ELLE ÉTAIT PAS ASSEZ ABÎMÉE COMME ÇA,.. AHH,.."H... MAIS QU'EST-CE QUE J'AI FAIT POUR MÉRITER ÇA?!...

"... MAIS QU'EST-CE QUE J'AI FAIT...

"... C'EST PAS FACILE D'AVOIR LES RESPONSABILITÉS DE CHEF DE FAMILLE

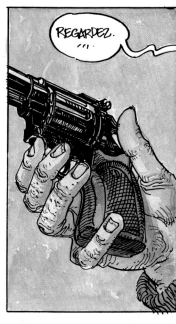

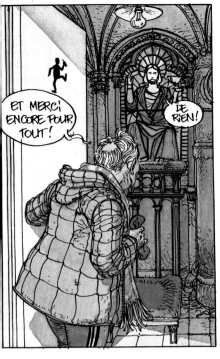

LA VOIE DU GUERRIER

LA GUERRE EST UNE ÉCOLE DE COURAGE OÙ L'ON APPREND LA QUINTESSENCE DE L'EXISTENCE PAR LE DÉPASSEMENT DU "MOI". DANS L'ARDEUR DU COMBAT LA MORT N'EST PLUS QUE FUTILITÉ.

L'ESPRIT TOUT À SA QUÊTE DU GESTE PARFAIT, LE GUERRIER OUBLIE TOUS SES PETITS TRACAS...

25

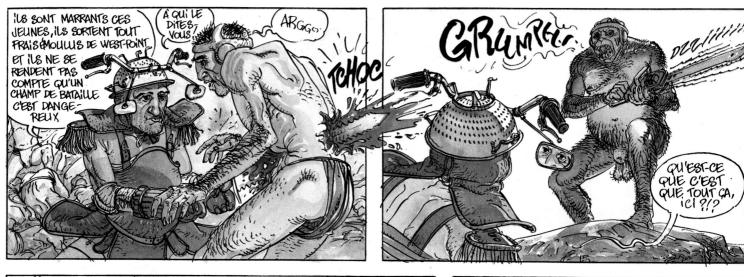

26

TU N'ES PAS LE SEUL À ÊTRE ÉCŒURÉ, PETIT! JE VOUS AI TOUJOURS ENSEIGNÉ LE COMBAT À LA LOYALE, LA RECHERCHE DU GESTE PARFAIT...

MON OBJECTIF A ÉTÉ DE FAIRE DE VOUS DES INDIVIDUS ÉPANOUIS, DES HOMMES DIGNES DE PORTER CE NOM. MAIS AUJOURD'HUI, NOUS SOMMES DEVANT UN FAIT ACCOM-PLI...

LA BARBARIE A REPRIS DU POIL DE LA BÊTE... LE CHEMIN DES DAMES, LA TRANCHÉE DES BAÏONNETTES, LA CÔTE "316", CE NE SONT PLUS QUE DES PRÉCIEUX SOUVENIRS QUE L'ON GARDERA DANS NOS CŒURS, MON P'TIT.

ARRÊTEZ M'SIEUR MAROUANI, VOUS M'ÉMOUVEZ

ÉCOUTEZ-MOI BIEN, LES CASTORS! NOUS AVONS SUBI UNE DÉFAITE...

...ALORS FINI DE FAIRE DANS LA DENTELLE! LE MATCH RETOUR A LIEU À DOMICILE!... SI C'EST LA GUERRE QU'ILS VEULENT, ILS L'AURONT, PAS VRAI LES GARS??

OUAIS M'SIEUR MAROUANI!

JE VOUS JURE QU'ON VA LEUR FAIRE AVALER LEURS COUILLES À TOUS CES BOUFFEURS DE YAOURTS!

AVEC MOI, LES GARS! POUR L'OLYMPIC D'ALÉSIA, QUI C'EST QUI EST LES PLUS FORTS??

C'EST LES CASTORS! TOR-TOR-TOR!!!

HÉ, LES MECS! Y'A UN BRAS AVEC UN TATOUAGE DANS MES AFFAIRES!

DÉCONNE PAS, C'EST À MOI.

LE PERIL JAUNE

FA-BU-LEUUUX !!!

COMMENT CROIS-TU QU'ILS SE DÉBROUILLENT POUR FAIRE DU SHOPPING ICI ?

OH, CES GENS-LA NE SONT PAS ASSEZ CIVILISÉS POUR FAIRE DU SHOPPING.

REGARDE ! DES BLOUSONS NOIRS. ON A DE LA CHANCE ILS ONT L'AIR DÉLICIEUSEMENT SAUVAGES.

DES VRAIS BLOUSONS-NOIRS ?...

TU ES BIEN CERTAINE QU'IL NOUS PROTÈGE EN CAS D'AGRESSION ??...

MAIS OUI MA CHÉRIE, NE SOIS PAS STRESSÉE IL EST PROGRAMMÉ POUR COUPER LE KIKI DU PREMIER QUI A UN GESTE DÉPLACÉ C'EST GARANTI JUSQU'À TREIZE AGRESSEURS TU TE RENDS COMPTE DU NOMBRE DE KIKIS Hi Hi Hi !...

HÉ, LES MECS VISEZ UN PEU LES MOUKÈRES !

... J'ME VIDANGERAIS BIEN LES GONADES, MOI.

OUAIS MOI AUSSI

WAAH ÇA M'EXCITE CES BRUTES AVEC LEURS GROSSES MAINS CALLEUSES !

SOYEZ PAS VULGAIRES, LES GARS UN PEU DE POÉSIE, BORDEL !

ELLES NOUS CHERCHENT, MA PAROLE !

ALORS LES FILLES ON EST VENUES FAIRE LE PLEIN ?...

MAIS SILV... JE VOUS EN PRIE DE...

"...IL Y A UN AUTRE PETIT PROBLÈME C'EST QUE VOTRE ROBOT S'EST DÉCLENCHÉ JUSTE EN ARRIVANT À L'APPARTEMENT..."

AH JE VOIS, CE N'EST PAS TRÈS GRAVE, SEULEMENT UN PETIT RETARD À L'ALLUMAGE DÛ À UN MAUVAIS ÉQUILIBRE ENTRE LE RÉCEPTEUR "YIN" ET L'EFFECTEUR "YANG"... IL Y A UN TOUT PETIT RÉGLAGE DE RIEN DU TOUT À FAIRE, MAIS JE N'AI PAS DE DÉPANNEUR AVANT DEMAIN MATIN.

"...NOUS N'AVONS EU QUE LE TEMPS DE NOUS RÉFUGIER DANS LE PLACARD À BALAIS..."

"...J'AI LES ENFANTS QUI VONT RENTRER DE L'ÉCOLE ET MON MARI A INVITÉ SON DIRECTEUR À DÎNER..."

"...ON PEUT PAS RESTER COMME ÇA?

JE VAIS VOIR CE QUE JE PEUX FAIRE, DONNEZ-MOI TOUJOURS VOT'ADRESS

KLONG!

TCHAC

ON DIRAIT QU'ON A ÉTÉ COUPÉ.

TCHAC
TCHAC
TCHAC
TCHAC

DIS DONC MUSTAPHA JE VIENS D'AVOIR ENCORE UNE RÉCLAMATION, FAUDRAIT VOIR À FAIRE TON BOULOT CONSCIENCIEUSEMENT, J'ESPÈRE QUE T'AS PAS TROUVÉ LÀ UNE NOUVELLE MANIÈRE DE DÉSTABILISER L'HARMONIE DE L'OCCIDENT CHRÉTIEN.

SI PAS DI MA FAUT' CY LI YIN ET LI YANG QU'Y SONT PAS DI LA BOUNNE QUALITI, PATRON.

"...SINON JE TE RENVOIE FAIRE TA SUBVERSION DANS TON PAYS À COUPS DE POMPE DANS LE TRAIN!

HEUREUSIMONT QUE J'Y SUIS PAS LI MAUVIS BOUGRE SINON AV'C LI 15 JOURS DI PRIAVIS J'AURIS LARGIMONT LI TOMPS DI MITTRE LI PLANITE À FEU Y A SONG

CE MATIN-LÀ, À DIJON, DANS LES BUREAUX DU HAUT COMMANDEMENT DE LA DEUXIÈME ESCADRE AÉRIENNE ET DE LA FAMEUSE. ESCADRILLE DES ALBATROS, C'EST L'EFFERVESCENCE.

PIOU PIOU, VOUS M'AVEZ FAIT APPELER, MON COMMANDANT! PIOU PIOU.

OUI, CAPITAINE POUSSIN, PIOU PIOU. SI VOUS ME VOYEZ AFFECTER CET AIR GRAVE, ÇA N'EST PAS DE GAÎTÉ DE CŒUR, CROYEZ-LE, MAIS BIEN PAR-CE QUE LES CIRCONSTANCES M'Y OBLIGENT, PIOU PIOU.

JETEZ DONC UN PETIT COUP D'ŒIL, PIOU PIOU, PAR CETTE FENÊTRE, VOUS COMPRENDREZ MIEUX OÙ JE VEUX EN VENIR, PIOU PIOU.

À VOS OR-DRES, MON COMMANDANT. PIOU PIOU.

C'EST L'ESCADRILLE DES ALBATROS OU DES VRAIES LOPETTES

C'EST ENCORE UN COUP DES REQUINS VO-LANTS, PIOU PIOU, ILS ONT PROFITÉ DE LA NUIT POUR VIOLER NOTRE DÉFENSE ET SOUILLER NOTRE TERRITOIRE AÉRIEN AVEC LEURS GRAFFITI ORDURIERS, PIOU PIOU.

LES RASCALS, PIOU PIOU.

NOUS VOUS AVONS CHOISI POUR VOS ÉTATS DE SERVICE IRRÉPROCHABLES, PIOU PIOU, ET VOTRE ADRESSE EN SYNTAXE PLANANTE. VOICI VOTRE ORDRE DE MISSION, ET EN-VOYEZ UNE ÉQUIPE ME NETTOYER CE CIEL.

JE ME MONTRERAI DI-GNE DE VOTRE CONFIANCE, PIOU PIOU, MON COM-MANDANT!

CLAP

EN MOINS DE DEUX COUPS DE CUILLER À POT, LE CAPITAINE POUSSIN ET SES CAMARADES DE L'ESCADRILLE DES ALBATROS ONT ENFOURCHÉ LEURS DESTRIERS DE AIRS ET LES VOILÀ PRÊTS À ACCOMPLIR LEUR PÉRILLEUSE MISSION. MAIS PAS SANS AVOIR PRIS SOIN DE CAMOUFLER LEURS AVIONS EN DE VULGAIRES AVIONS DE CLOWN...

ÇA VA PAS ÊTRE DE LA TAR-TE, LES GARS PIOU PIOU.

J'AI UNE JOIE SANS CESSE RENOUVELÉE À ME RETROUVER FACE AU FIRMAMENT DU CIEL, PIOU PIOU, PAS VOUS LES GARS ?

POUR NOUS DÉTENDRE AVANT LA MISSION, J'AI PENSÉ QUE ÇA VOUS FE-RAIT PLAISIR, PIOU PIOU, QUE JE VOUS LISE LE POÈME QUE J'AI ÉCRIT HIER-SOIR, PIOU PIOU.

"... FOX TROT, TANGO, ZOULOU ET FOLLE SARABANDE, ILS SONT TOUS LÀ, CHARLIE VICTOR ET TOUTE LA BANDE, FIERS OISEAUX DE MÉTAL DANS LE CIEL AZURÉ, ILS ONT, LES ALBATROS, LA VICTOIRE ASSURÉE. IVRES DE CONQUÊTE ET DE YANKEE, WHISKY-COCA LES ENFANTS LEUR CRIENT ALPHA-
—BRAVO-PAPA."
"TERMINÉ"...

VOUS ÊTES UN VÉRITABLE PO-ÈTE, PIOU PIOU, SAUF VOT'RES-PECT MON CAPITAINE. TERMINÉ.

VOUS SAVEZ, C'EST PAS DIFFICILE, PIOU PIOU, À FORCE DE CÔTOYER LE SUBLIME, LES CONTINGENCES DE LA VIE ORDINAIRE FINISSENT PAR LÂCHER PRISE, PIOU PIOU, TERMINÉ.

MAIS DÉJÀ LES ALBATROS ARRIVENT EN VUE DU TERRITOIRE ENNEMI...

SANS TROP D'ENCOMBRE LES ALBATROS ARRIVENT À SE FRAYER UN CHEMIN À TRAVERS L'ÉPAIS RIDEAU DE LA DÉFENSE ENNEMIE...

S'ILS CROIENT NOUS IMPRESSIONNER AVEC LEURS ÉPOUVANTAILS À MOINEAUX, PIOU PIOU...

JE NE DIS PAS ÇA POUR VOUS, LIEUTENANT MOINOT, PIOU-PIOU.

MAINTENANT C'EST AU CAPITAINE POUSSIN DE JOUER, IL PIVOTE PRESTEMENT SON APPAREIL

MAINTENANT, À MOI DE JOUER, PIOU PIOU, COUVREZ MES ARRIÈRES EN CAS DE COUP DUR, LES GARS, PIOU-PIOU.

OK* MON CAPI-TAINE.

* TERME TECHNIQUE QUI VEUT DIRE, D'ACCORD!

ET ENTAME UNE VERTIGINEUSE DESCENTE QU'IL RATTRAPE AU RAS DES PÂQUERETTES.

IL EXÉCUTE ENSUITE QUELQUES TONNEAUX DE MISE EN CONDITION AVANT D'ENTRE-PRENDRE UN NUMÉRO DE VOLTIGE AÉRIENNE À COUPER LE SOUFFLE...

YOUP'LÀ

POUSSANT SON ENGIN À PLEINE PUISSANCE, IL ENCHAÎNE FIGURE SUR FIGURE.

AVEC UNE HALLUCINANTE PRÉCISION, LE CAPITAINE POUSSIN, EN PLEINE POSSESSION DE SON ART, ACHÈVE DE METTRE LE POINT FINAL À SA PRESTATION, QUI FORCE-

ET HOP, PIOU PIOU JE PASSE À LA LI-GNE EN D'SOUS PIOU PIOU.

-RAIT L'ADMIRATION DU BÉOTIEN LE PLUS OBTUS... ...TOUS MOTEURS HURLANTS, IL PRÉCIPITE SON MIRAGE SUR LA BASE DES REQUINS VOLANTS COMPLÈTEMENT ENGOURD

EN EFFET, LA FULGURANCE DE L'INTERVENTION DU CAPITAINE POUSSIN A CRÉÉ LA STUPÉFACTION DANS LA DÉFENSE ENNEMIE. LA RÉPLIQUE INCISIVE A FAIT MOUCHE AVEC UNE MEURTRIÈRE PRÉCISION, ATTEIGNANT EN PLEIN COEUR L'AMOUR-PROPRE DES FAROUCHES PRÉDATEURS !!!

DÉJÀ, LE CAPITAINE POUSSIN A REJOINT SES CAMARADES, QUI NE MANQUENT PAS DE LE FÉLICITER CHALEUREUSEMENT.

PENDANT CE TEMPS, LOIN DES PÉRILLEUSES RESPONSABILITÉS DE SON MARI, MADAME POUSSIN VAQUE À DES OCCUPATIONS PLUS MODESTEMENT QUOTIDIENNES.

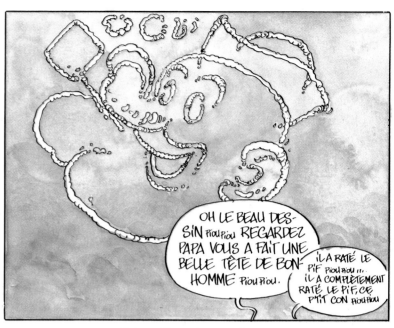

LE MIRACLE DE LA VIE

ICI AU FOND DES MERS TROPICALES TOUT EST CALME ... TROP CALME ...

SOUDAIN UNE PUISSANTE ARMADA DE BLINDÉS AMPHIBIES DÉCHIRE LE SILENCE BLEUTÉ. LES TORTUES VONT REMPLIR LEUR MISSION BIOLOGIQUE.

L'OPÉRATION A POUR NOM DE CODE "OVERLORD" QUI VEUT DIRE EN LANGAGE TORTUE : OPÉRATION PONTE DES ŒUFS. AUJOURD'HUI, C'EST L'HEURE "H" DU JOUR "J", À L'INSTANT "I", AU SIGNAL D'UNE DES PLUS ANCIENNES, TOUTES ENTAMENT L'ÉMER-SION, L'OPÉRATION "OVERLORD" EST COMMENCÉE ! ...

ES CENTAINES DE CARAPACES ONT FAIT SURFACE À QUELQUES BRASSES DE LA PLAGE; UNE ÉTENDUE DE SABLE FIN   QU'IL VA FALLOIR
RENDRE D'ASSAUT. D'UN COUP D'OEIL CIRCULAIRE, LA SITUATION EST JAUGÉE : "TOUT VA BIEN"...

LE DÉBARQUEMENT A EU LIEU À L'HEURE "I" COMME PRÉVU, LA PONTE DOIT S'EFFECTUER AU MOMENT "H" LOIN DU FLUX ET DU REFLUX DES MA-
ÉES . IL FAUDRA AVANCER EN TERRAIN DÉCOUVERT...

AI D'AUTRES PROBLÈMES SE POSENT. EN EFFET, CONÇUES POUR LES DÉPLACEMENTS AQUATIQUES, LES TORTUES SUR LA TERRE FERME ONT UNE
UTONOMIE CONSIDÉRABLEMENT RÉDUITE, ELLES DEVIENNENT AUSSI MANIABLES QU'UN COSTUME AMIDONNÉ SUR PATINS À GLACE ...

AUSSI IL LEUR FAUT FAIRE ATTENTION AUX MOINDRES ASPÉRITÉS DU TERRAIN, PRENDRE GARDE AU MOINDRE PAPIER GRAS OU AUTRE TUBE DE COSMÉTI-
UE SOLAIRE. LEUR PROGRESSION SE FAIT LABORIEUSEMENT À TRAVERS LES CORPS INERTES QUI JALONNENT LA PLAGE.

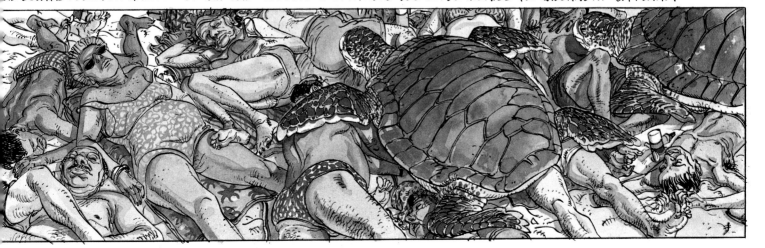

LÀ-BAS, HAUT DANS LE CIEL, LES OISEAUX PRÉDATEURS GUETTENT LEURS PROIES: LES OEUFS LEUR SONT UN METS DE PRÉDILECTION.

DE LONGUES HEURES SE SONT ÉCOULÉES AVANT QUE CHAQUE TORTUE AIT DÉCOUVERT L'ENDROIT IDÉAL OÙ L'INCUBATION DES OEUFS POURRA S'ACCOM-PLIR EN TOUTE SÉCURITÉ - C'EST LA PHASE DU LARGAGE. UN PROCÉDÉ D'AUTO-CAMOUFLAGE DONNE AUX OEUFS L'ASPECT DE BALLES DE PING-PO...

L'OPÉRATION "OVERLORD" EST MAINTENANT TERMINÉE, LES TORTUES EXTÉNUÉES REGAGNENT LA MER, LE COEUR EMPLI DE JOIE COMME DES I...LIENS QUI SAVENT QU'ILS AURONT DE L'AMOUR ET DU PLANCTON.

LA LÉGÈRE BRISE DE FIN D'APRÈS-MIDI DISSIPE L'EFFET SOPORIFIQUE DU SOLEIL TORRIDE ET REVIGORE LES CORPS ENGOURDIS QUI PRATIQUENT L'ÉTALEMENT DES VACANCES.

QUITTANT L'ÉTAT SAUVAGE, ILS RETOURNENT COMME UN SEUL HOMME VERS LA CIVILISATION RÉPONDANT À L'APPEL DU COSTUME TROIS PIÈCES, SANS SE DOUTER DE LA CARGAISON QU'ILS TRANSPORTENT DANS LEURS SOUTES.

LES FRÉGATES, QUANT À ELLES, PRENNENT PEU À PEU CONSCIENCE DE LA MYSTIFICATION. ET SE VENGENT EN VEXATIONS CRUELLES.

QUELQUES MOIS PLUS TARD, LOIN D'UNE NATURE HOSTILE ET DES BECS VORACES DE LEURS PRÉDATEURS, LES BALLES DE PING-PONG VONT ÉCLORE DANS LE CONFORT DOUILLET DES FOYERS BOURGEOIS. OH MIRACLE DE LA VIE !

L'HABILE CONJONCTION DES MÉCANISMES BIOLOGIQUES ET DES CLUBS DE VACANCES ORGANISÉES A ENRAYÉ LE PROCESSUS DE DISPARITION DE L'ESPÈ DES TORTUES MARINES, MAIS À QUEL PRIX. CERTES LES TORTUES SE SONT PLUTÔT BIEN ADAPTÉES À LA VIE FAMILIALE GRÂCE À LEURS YEU DE CHIENS BATTUS QUI LES RENDENT SI ATTENDRISSANTES

MAIS DANS LES AUTRES SECTEURS D'ACTIVITÉ, ON PEUT CONSTATER UN NET RALENTISSEMENT DE LA PRODUCTION. LES RESPONSABLES NATIONAU ONT PRIS DES MESURES DRACONIENNES ...

"... UN EMBARGO SUR TOUTES LES BALLES DE PING-PONG VENANT DE L'ÉTRANGER A ÉTÉ DÉCRÉTÉ ...

CEPENDANT LA DÉCOUVERTE RÉCENTE D'UNE CARGAISON CLANDESTINE DE BALLONS DE FOOTBALL DANS DES CAMIONS FRIGORIFIQUES EN PROVE -NANCE DES GALAPAGOS NOUS FAIT CRAINDRE LE PIRE !

L'EXISTENCE EST UN VASTE LAVOMATIC !... ... LA VIE COMME LE TAMBOUR DES MACHINES À LAVER TOURNE SANS FIN, ET L'ÂME HUMAINE, PAREILLE À CES PARTICULES DE SALETÉ, SE DISSOUT DANS UN MAËLSTROM FANTASTIQUE ET SE REDÉPOSE SUR D'AUTRES DÉFROQUES...

LA MÉTAPHORE PEUT SEMBLER FORT HARDIE ET NOMBREUX SERONT LES POLÉMISTES QUI OBJECTERONT QU'AUJOURD'HUI IL EXISTE SUFFISAMMENT D'AGENTS DÉTERGENTS QUI EMPÊCHENT TOUTE REDÉPOSITION, CE QUI COMPROMET LA THÉORIE DE LA RÉINCARNATION !...
BON !... OUI, D'ACCORD !... IL EST ÉVIDENT QUE NOUS NE TIENDRONS PAS COMPTE DE CETTE OBJECTION.

LE JEU PERFIDE DU DESTIN PEUT FAIRE INTÉGRER AUX ÂMES ERRANTES LES FORMES LE PLUS EXTRAVAGANTES ET LES SOUMETTRE AUX RENCONTRES LES PLUS SAUGRENUES...

EXAMINONS MAINTENANT UN AUTRE CAS OÙ LA RÉINCARNATION NE FAIT PAS QUE DES HEUREUX.

BONJOUR! HÉHÉHÉ JE SUIS MARCEL GUILLOMARD C'EST MOI QUI AI RÉPONDU À VOTRE ANNONCE AU SUJET D'UNE SOIRÉE CROUSTIL-LANTE HÉHÉ!

NOUS VOUS ATTENDIONS, COMME VOUS POUVEZ LE VOIR...

VOUS ÊTES VE-NU SEUL! OÙ EST VOTRE FEM-ME?!

ATTENDEZ, ATTENDEZ, HÉHÉ IL FAUT QUE JE VOUS EXPLIQUE, HÉHÉ

J'ESPÈRE QUE VOUS N'A-VEZ PAS L'INTENTION D'ABU-SER DE MA FEMME SANS AP-PORTER DE CONTREPARTIE 'FAUT PAS NOUS PRENDRE POUR DES ANDOUILLES!

ÉCOUTEZ-MOI! VOILÀ, MA FEMME EST MORTE IL Y A QUATRE ANS. MAIS QUELQUES MOIS APRÈS SON DÉCÈS, EN DÉPLAÇANT UNE COMMODE, REGARDEZ SUR QUI JE TOMBE!... ...SONIA, MA FEMME, HÉHÉ...

...ELLE S'ÉTAIT RÉINCARNÉE EN CE CHAR-MANT PETIT INSECTE. JE L'AI TOUT DE SUITE RECONNUE, VOUS PENSEZ, AU BOUT DE 15 ANS DE VIE COMMUNE IL Y A DES PETITS QUELQUE CHOSE QUI NE TROMPENT PAS, HÉHÉ. BIEN SÛR, J'ÉTAIS COMME VOUS, IL M'A FALLU UN TEMPS D'ADAPTATION. MAIS VOUS VERREZ, SONIA N'A RIEN PERDU DE SA FANTAISIE ÉROTOMANIAQUE, HÉHÉ.

ARRR... AAH... ARRÊTEZ MARCEL VOUS ME FAITES MOURRRIR

'SCUSEZ-MOI JE LE FAIS PAS EXPRÈS

VOUS ÊTES UN DÉMON

AAHHHHHH RAAH!!!! PLUS À DROITE C'EST ÇA ENCORE

BEN DITES DONC

HÉHÉHÉ QUAND JE VOUS DISAIS QUE SONIA C'EST UNE SACRÉE HÉHÉ

WAAAAHHH! MAIS QU'EST-CE QUE VOT' FEMME A FAIT À MON MARI!?!

ÇA, C'EST L'IN-CONVÉNIENT, ELLE FAIT PARTIE D'UNE ESPÈCE D'INSECTE DE LA FAMILLE DES MANTES RE-LIGIEUSES...

...ET CES PETITES BÊTES PAS-SENT LEURS FRINGALES EN DÉVORANT LEURS PARTENAIRES

SONIA, C'EST PAS BIEN! TU ES UNE MAUVAISE FILLE TU M'AVAIS PROMIS! SI TU CONTINUES J'IRAI TOUT SEUL CHEZ LES GENS!!

L'HORREUR DES TRANCHÉES

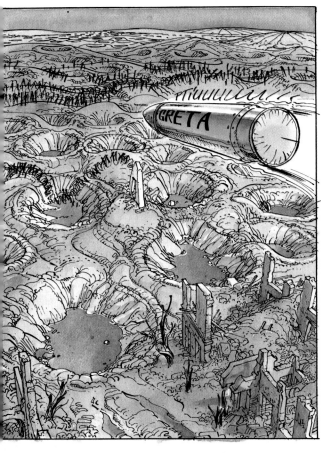

OH MERDE !!!!

GRETA

MON PÈRE M'AVAIT INCULQUÉ SA DEVISE ; " TOUJOURS PREN- DRE LE BON CÔTÉ DES CHOSES", DOTÉ D'UN ROBUSTE ESPRIT D'ANALYSE, ET D'UN NATUREL CURIEUX DE TOUT, J'EMPLOYAIS MON TEMPS SOUS LES DRAPEAUX À L'ÉTUDE QUASI-SOCIOLOGIQUE DE MES CONTEMPORAINS.

ALLEZ ALLEZ !!!

"... NE NOUS LAISSONS PAS ABATTRE,

sois prudent mon chéri

C'EST DINGUE COM- ME LES GENS PEU- VENT S'ENCOMBRER DE TRUCS FUTILES !

"TU V...VOIS ... DDDANS LE CIVIL J'ÉTAIS CUISINIER... ... UN GRAND CHEF... CUISI;;;;NIER ... ... MON ÉTABLISSEMENT ÉTAIT LE REN...RENDEZ-VOUS DES FINS GOURMETS DU TOUT-PARIS...

QUELLE VACHERIE LA GUERRE

...ÉCOUTE-MOI BIEN AARRRR... JE VAIS TE DONNER LA RECETTE DE MON CHEF-D'ŒUVRE... "LE CIVET DE LIÈVRE AUX PPPRU-NEAUX... ARRRGH ...AARRR... PARDON... D'Á... D'ABORD TU PRENDS UN LIÈVRE BIEN DODU ... EN BONNE SANTÉAAAA...

...APRÈS L'AVOIR ÉGORGÉ ...ARR... TU...TU LUI ARRACHES L'ÉPIDERME ET LE DERME...ARRRG... ARRRGA... ...TU L...LE VIDES ET TU RECU...CUEILLES LE SANG DANS UN BOL ...TU LUI TRANCHES LES PATTES ARRR... ET LA TÊTE ... ENSUITE TU FAIS FONDRE DU LARD D...DANS UNE CASSEROLAARG...

arrg recueillir le sang dans un bol trancher les pattes, arrg et la tête arrrgg fondre

...ALORS LÀ JE FAIS REVENIR À FEU DOUX. ?...

N...NON PAS ENCORE, ANDOUILLE ARRG.!!?!

AH BON.

ARRRGH M...MIJOTER... ARRR...

...D'ABORD TU ASSAI-SONNES...APRÈS TU FAIS RE...REVENIR ...JUSQU'À CE QUE ARRRR...... LES CHAIRS SOIENT BBBIEN SAISIES ...TU LAISSES MIJOTER ...ET TU MOUILLES AU VIN RROUGE...

...C'EST AINSI QUE J'AI AP-PRIS LE SECRET QUI ALLAIT FAIRE DE MOI UNE DES "FOUR-CHETTES D'OR" DE LA GASTRO-NOMIE...

WUNDERBAR! YA, YA!

...Y'EN A QUI DISENT QUE LA GUERRE C'ÉTAIT UNE CHOSE HORRIBLE ... DANS UN CERTAIN SENS, OUI, MAIS C'ÉTAIT AUSSI L'OCCA-SION DE RENCONTRES PRO-PICES À L'ENRICHISSEMENT PERSONNEL...

YA YAWOHL! YAYA.

...JE PARLE DES GUERRES D'AVANT QUI AVAIENT UN PETIT CÔTÉ ARTISANAL, TANDIS QU'AU-JOURD'HUI, LES NOUVELLES TECH-NOLOGIES FONT QUE LES CHAMPS DE BATAILLE N'ONT PLUS RIEN D'HUMAIN...

... LE PROGRÈS

YA GUT GUT.

...EN TOUT CAS, JE SUIS CONTENT QUE VOUS AYEZ APPRÉCIÉ MON CIVET... ...MOI, J'AI JAMAIS PU Y GOÛTER ... J'SAIS PAS POURQUOI.

SEHR GUT!

À LA BONNE CHAIR CANON

57

LA PEDAGOGIE
DU TROTTOIR

OHLA OHLA MESDEMOISELLES S'IL VOUS PLAÎT !!!

HEP MESDEMOISELLES STOP! **STOP!**

EXCUSEZ-NOUS, MADAME NOUS ÉTIONS ANIMÉES D'UN MOUVEMENT UNIFORME, L'ÉNERGIE CINÉTIQUE ACCUMULÉE, SOIT $\frac{MV^2}{2}$, NE NOUS A PAS PERMIS D'OBTEMPÉRER IMMÉDIATEMENT.

BIEN, TRÈS BIEN, ANNE CÉCILE

MESDEMOISELLES VOULEZ-VOUS ME LIRE ATTENTIVEMENT, S'IL VOUS PLAÎT L'ÉCRITEAU QUI SE TROUVE ICI ?

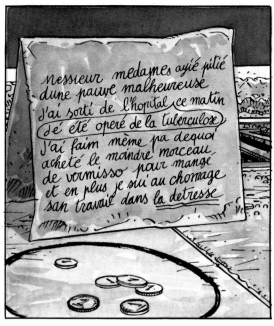

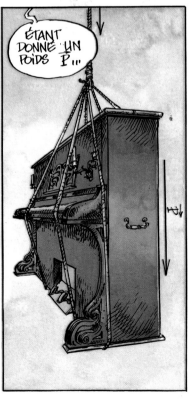

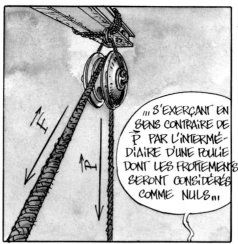

Imprimé en Belgique par Casterman, s.a., Tournai.
Dépôt légal : avril 1987 ; D. 1987/0053/46.